D1523173

CHU...
CHUUU...

WHOOO...
WHOOO...

Pasa el tren

HERE COME THE TRAINS

Molly Carroll
Jeanne Sturm

Rourke
Publishing LLC
Vero Beach, Florida 32964

www.rourkepublishing.com

PHOTO CREDITS: Title page: © Jonathan Larsen; page 3: © Jason Alan; page 4: © Chris Kruger; page 5: © Sherwin Mcgehee; page 6: © Chris Kruger; page 7: © Terraxplorer; pages 8-9: © Hugo de Wolf; pages 10-11: © Robert Simon; pages 12-13: © Bobo11 (wikipedia.com); pages 14-15: © Niknikon; pages 16-17: © Don Wilkie; pages 18-19: © Scott Griessel; pages 20-21: © Alex Slobodkin

Editor: Kelli Hicks

Cover design by: Nicola Stratford: bdpublishing.com

Interior design by: Renee Brady

Spanish Editorial Services by Cambridge BrickHouse, Inc.   www.cambridgebh.com

Library of Congress Cataloging-in-Publication Data

Carroll, Molly.
  Whooo, whooo ... here come the trains / Molly Carroll, Jeanne Sturm.
     p. cm. -- (My first discovery library)
  Includes bibliographical references and index.
  ISBN 978-1-60472-528-5
  1. Railroad trains--Juvenile literature. I. Sturm, Jeanne. II. Title.
  TF148.C295 2009
  625.1--dc22
                                   2008025166

Printed in the USA

CG/CG

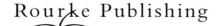

www.rourkepublishing.com – rourke@rourkepublishing.com
Post Office Box 3328, Vero Beach, FL 32964

¿Alguna vez has visto un tren pasar velozmente sobre las vías del ferrocarril? ¡A toda marcha!

Have you ever seen a train zooming down the railroad tracks?
Full Speed Ahead!

Los trenes viajan de noche.

Trains travel at night.

4

La gente duerme y el tren sigue
su camino.

People sleep, and the train moves on.

Los trenes viajan de día.

Trains travel during the day.

En los vagones restaurantes se sirve comida, y el tren sigue su camino.

Dining cars serve food, and the train moves on.

Los trenes de alta velocidad viajan
muy rápido.

High-speed trains go very fast.

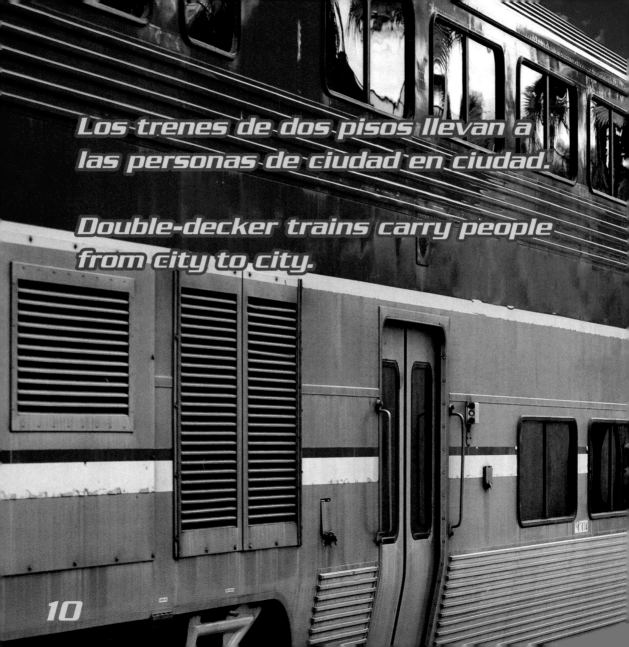

Los trenes de dos pisos llevan a las personas de ciudad en ciudad.

Double-decker trains carry people from city to city.

10

Los trenes de mercancías transportan muchas cosas.

Freight trains carry many things.

13

Los vagones de mercancías transportan carbón.

Freight cars carry coal.

Los vagones cisterna transportan petróleo.

Tanker cars carry oil.

NEW 074

17

Los vagones cerrados mantienen seguro el cargamento.

Closed-in cars keep freight safe.

Todos a bordo y luego, ¡a toda marcha!

All aboard, and then, Full Speed Ahead!

Glosario / Glossary

carbón: El carbón es un mineral duro y negro que se encuentra debajo de la tierra. El carbón se usa como combustible.
coal (KOHL): Coal is a hard, black mineral found underground. Coal is used as a fuel.

mercancía: La mercancía es cargamento que se transporta de un lugar a otro. La mercancía se puede transportar por barco, avión, tren o camión.
freight (FRAYT): Freight is cargo that is carried from place to place. Freight can be carried by ships, planes, trains, or trucks.

vagones cisterna: Los vagones cisterna transportan líquidos como petróleo o químicos. Si un tren que lleva químicos peligrosos en vagones cisterna choca, puede que las personas que viven o trabajan cerca tengan que abandonar el área del accidente.

tanker (TANG-kur): Tanker cars, or tank cars, carry liquids such as oil and chemicals. If a train carrying dangerous chemicals in tanker cars crashes, people who live and work near the crash site may have to leave.

vagones restaurantes: Los vagones restaurantes son vagones en los que se sirven las comidas. Comer en un vagón restaurante es como comer en un restaurante normal, con la excepción de que estás en movimiento. En algunos trenes de dos pisos, la comida se prepara en el primer piso y las personas comen en el segundo piso

dining cars (DINE-ing KARZ): Dining cars are railroad cars that serve meals. Eating in a dining car is like eating in a restaurant, except you're on the move. On some double-decker trains, food is prepared on the lower level and diners eat on the upper level.

Índice / Index

Lecturas adicionales / Further Reading

Crowther, Robert. *Trains: A Pop-up Railroad Book*. Candlewick Press, 2006.

Sobel, June. *The Goodnight Train*. Harcourt, 2006.

Simon, Seymour. *Seymour Simon's Book of Trains*. HarperCollins Publishers, 2004.

Sitios web / Websites

http://www.trainwreckcentral2.com/kidsfun.html

http://home.howstuffworks.com/paper-trains.htm

Sobre las autoras / About the Authors

Molly Carroll ha leído libros para niños desde que era bebé. Hoy día, a ella le sigue encantando la lectura.

Molly Carroll has been reading children's books since she was a baby. She continues to love reading just as much today.

Jeanne Sturm y su familia viven en Florida, con un perrito muy activo, dos conejitos amistosos y muchos peces coloridos.

Jeanne Sturm and her family live in Florida, along with a very active dog, two friendly rabbits, and many colorful fish.